心づかいQ＆A

感謝の心が人生を変える

穂苅満雄

財団法人モラロジー研究所

はじめに

モラロジー研究所発行の月刊誌『ニューモラル』に「心づかいQ&A」を書き始めて、すでに四十回を過ぎてしまいました。毎回のことですが、〝この問いに対して、この答えで分かっていただけるだろうか〞と、常に不十分なことを反省させられてきました。

今回、今までのものをまとめて一冊にして出してみたいと『ニューモラル』担当から言われたとき、〝今までの不十分なところを少しでも補足させていただけたら有り難い〞と思い、加筆訂正をさせていただきましたが、あらためて読み返しながら、これで十分満足できるということは少ないものだし、いろいろな見方から考えなければならないと感じました。

われわれ人間は、日常生活の中でいろいろな問題を抱《かか》え、それに対応しながら、よりよい生活を送るために努力していると思います。しかし、その一つ一つが簡単に解決していくとは思えません。さまざまなことに取り組みつつ、問題解決には原型と顕《けん》型《けい》（表面的に表れる性質）があり、その両方に視点を置いて考えていかねばならないと痛感します。特に多くの場合、ほとんどの人が今燃え盛っている火だけを早く消そうと思うことが多いのですが、これは顕型だけを見ている見方で、一時的に落ち着いたように見えても、また、しばらくすると再燃するというケースが多いといえます。すべてのことは原型に目を向け、問題の根本的解決を図らなければなりません。

たとえば、不登校の子どもの場合、親は顕型で見ていけば一日も早く正常のように学校に行ってくれて、きちんとした生活をしてくれれば安心と思い、そのことに意を注ぎます。その結果、一旦は落ち着いて登校したりしますが、しばらくすると、前よりも悪い形になって、再び登校できなくなるというようなことが間々《まま》起こります。こうしたとき、急がずに原型にも目を向け、よってきたるところを見つめ、また、親自身の生き方、考え方に思いをいたさねばならないとも思えます。

いずれにしろ、一つの問題を見つめるのに、常に多角的・多面的に捉《とら》え、問題解決を図っていくことが肝要かと思います。

以前と異なり、最近は問題の要因が短絡的でなく複合的に、いろいろと入り組んでいる場合が多いことを感じます。しかし、どんなに複雑にもつれた糸であっても、解決の糸口を一つ見いだすと、すべてがほぐれていくようにも感ずることができます。

個人的にしても集団的にしても、この社会で起こったことは、必ずこの社会で解決するという原則をあらためて痛感します。

今回、不十分ながら、いくつかをあらためてまとめさせていただきました。読者の皆様には、いろいろな面でご活用いただき、多方面、多角度から見ていただいて、ご意見、ご感想などをお寄せいただき、さらにご一緒に考えられれば幸甚に思います。そのことがまた、次へとつなぐ意欲となります。

この発刊に際し、モラロジー研究所出版部の部長横山守男氏をはじめ、野々村守春、加島亮伸、高木秀諭の各氏、その他の方々から多大のお力添えをいただきましたことをあらためて感謝申し上げます。

平成十五年四月二十三日

穂苅満雄

心づかいQ&A

感謝の心が人生を変える

目次

表紙デザイン・本文カット　半井映子

心づかいQ&A
感謝の心が人生を変える

Question 1

家出を繰り返す子どもにどう接するか

高校二年生になる娘が、最近、家出を繰り返して困っています。家に帰ってきたときに引き止めて話をしても、知らん顔で全然話してくれず、すぐ自分の部屋に閉じこもってしまうのです。主人に相談してもとりあってくれず、けんかが絶えません。どうすればよいでしょうか。

（40代・主婦）

Answer

●基本は仲の良い夫婦

最近は、このような子どもの問題行動で相談を受けることが多くなってきました。子どもの問題行動をつくり出す一つの原因に、両親の不仲ということがあるようです。両親が争ったり対話がなければ、家庭の中は自然に冷たくなり、子どもは非行に走ったり、家出をしたりするのです。

そこで、あなたのお宅の温度を上げてみてはどうでしょうか。自分の家の中が外の温度よりも温《あたた》かかったならば、子どもは外へは出て行きません。

私のいう温度とは、人間としてのふれあいの温度のことなのです。娘さんが、家で親といるほうが温かいと感じるなら、外へは出ていかないと思います。

帰宅した娘さんに、すぐ「どこへ行っていたの？　お母さんがどんなに心配していたか分からないの！」と叱《しか》ったり、うるさく文句を言ったりしていませんか。

確かに、娘さんの言動を心配するのは、親として当然のことです。しかし、子どもは、それを親の愛情とは受けとめず、「うるさいなあ、世間体《せけんてい》ばかり気にして」と思っているかもしれません。

そこで、娘さんが家出して帰ってきたとき、「あれっ！」という感じをもたせることです。今までと何かが違うという「あれっ！」です。それは、理屈ではなく、家の雰囲気がかもし出すものです。つまり、夫婦の仲の睦《むつ》まじさ、母親の笑顔、やさしい言葉の語りかけなどでつくられていくものです。

このような対応を続けていくうちに、家庭の中の温度もだんだんと上がって、雰囲気も和《なご》やかになっていきます。

もう一つ大切なことは、仕事で不在がちであろう父親の〝存在〟というものを、お母さんが家庭内にしっかりとつくり、子どもにお父さんの存在感を認識させることが大切です。

私たちには、よりよい子孫を育てていくという責任があります。親よりも子ども、子どもよりも孫というように人間的に成長していくことが親としての願いでもあり、役割でもあるのです。

結局、親である夫婦が、健康で仲良く生活していくことが何よりの基本です。その姿を見て、娘さんも〝今までとは家の雰囲気が違っている〟と感じ、家出も少なくなっていくことでしょう。

●反抗は成長のための一里塚

子どもが問題を起こす場合、何かそこに共通しているものがあるように思われます。まず、ほとんどが、小さいころには〝いい子〟だったということです。親は〝あんなにいい子がどうして〟と納得いかないのです。

実は、子どもにとってみると、〝あんないい子〟を演じていたのです。〝親は心配するだろう。ここは自分が少し我慢すればいいのだ〟というように〝いい子〟を身につけてきたのです。言い換えれば、自分ではない自分、つまり虚像であったわけです。それに気づいた子どもが〝実像で行こう〟〝これから本当の自分自身をつくっていくのだ〟という気持ちの表れが、家出を繰り返す現在の姿であるといえます。

子どもは何時《いつ》までも親の思うようにはなりません。「反抗」は人間が育つための一里塚です。「反抗を素通りした子」「反抗を黙認された子」は、その後の道を踏み外しやすいものです。
子どもをよりよい方向へ導くことは親の責任ですが、この場合の家出を繰り返す娘に対する見方としては、子どもの心の動きに目を向けて、〝子どもは自立しようとしているのだ、今までのように親の思うようにはならないのだ〟と受けとめてみましょう。そして一歩進んで、子どもの人格の中へ親が土足で踏み込まない、子どもをいつまでも追いかけない、というようにしていくことが肝要でしょう。

ポイント

夫婦が仲良くして、家庭の温度を上げましょう

?

Question 2

言い争いが絶えない新婚夫婦

私は、結婚して六か月になりますが、最近、夫の性格や行動の欠点が見えてきて仕方がありません。

欠点を感じるたびに夫を責めてしまうので、いつも言い争いになってしまいます。

どう考えればよいのでしょうか。

（20代・女性）

Answer

●相手を思いやる三つのポイント

六か月というと、まだ夢の中にいるような時期ではないでしょうか。結婚前の交際期間がどれほどあったのか分かりませんが、とにかく、この人ならと思って結ばれたことと思います。結ばれてわずかしかたたないのに、ご主人の欠点が見えすぎるように思います。

「夫婦は似たもの同士」とよく言われます。あなたがご主人の欠点が見えるのと同じようにご主人も、あなたのすべてを見ています。今の状態はお互いにいやな面を突っつき合っているということではないでしょうか。

中国の古典『菜根譚《さいこんたん》』の中に、思いやりの心をつくっていくためには、まず三つのことをしてはいけないと述べられています。それは、

第一、人の小過《しょうか》を責《せ》めず

第二、人の陰私《いんし》を発《あば》かず

第三、人の旧悪《きゅうあく》を念《おも》わず

です。

第一は、人のちょっとした過《あやま》ちは、大目に見たらよいということです。昔から「重箱の隅《すみ》を突っつく」という言葉がありますが、細かい、小さなことを一つ一つ気にし始めると、ついに相手を打つようになってしまいます。

第二は、人の触れてほしくないところや、隠そうとしていることをあばかないことです。

第三は、過ぎ去ったことは、いつまでも根にもたずに忘れるということです。

縁あって一緒になり、生活を始めた二人です。一人のときのように、すべてが思いどおりにはいきません。逆に一人ではできなかったことが、二人ではできるのです。特に夫婦の場合、責《せ》め合ったり、こうしてほしいという求め合いをするのではなく、相手の足りないところを補い合い、一つの形に整えていくという楽しさ、喜びがあります。

新婚六か月という早い時期に、隠れた面、しかも悪い面が出てきたということは、修復が早めにできるということでもあります。あなたが、ご主人のいろいろな面を見ているように、ご主人からも見られているという気づきをもって「私たちは似たもの同士」と考え、ほんの少しずつでも、ご主人への思いやりの心をもち、あらためてスタートするつもりで気持ちを切り換えていきましょう。

●結婚生活の意味を見いだす

さて、今後の人生をどう生きるかという点ですが、このまま夫と生活するのか、別れて新しい人生を歩むのか、いずれの道を選ぶにしても、自分自身の性格、人間性というものをもう一度しっかり見つめることが大切です。

あなたは結婚生活というものをどんなふうに考えてこられましたか。生まれも育ちも性格も、すべて違って生きてきた二人が共同生活をするのです。

よく「結婚前は両目を大きく開けて見よ。結婚してからは片目は閉じよ」と言われます。この言葉の意味することは、結婚したら相手の多少の欠点は大目に見よということで、非常に大切です。

また、中国の古典『礼記《らいき》』の中に「礼《れい》は夫婦を謹《つつし》むに始まる」とあります。すなわち、夫婦間の日常の謹みを忘れないことが「礼」の始まりということでしょう。夫婦こそ、最も親密な人間関係であり、それだけに最も礼を失いがちなものだからです。

あなたの場合、あら探しという最悪な行いをしているようです。お互いが共に学び合う、助け合うという共同生活の原点に立ち返ってはいかがでしょう。そして、その土台には、もちろん「礼」を置いておきたいですね。まだまだ二十代です。これから幸せな人生を築いていくためにも、夫婦のあり方や結婚生活の意味を考え直していただきたいと思います。

ポイント

「求め合い」から「補い合い」へ

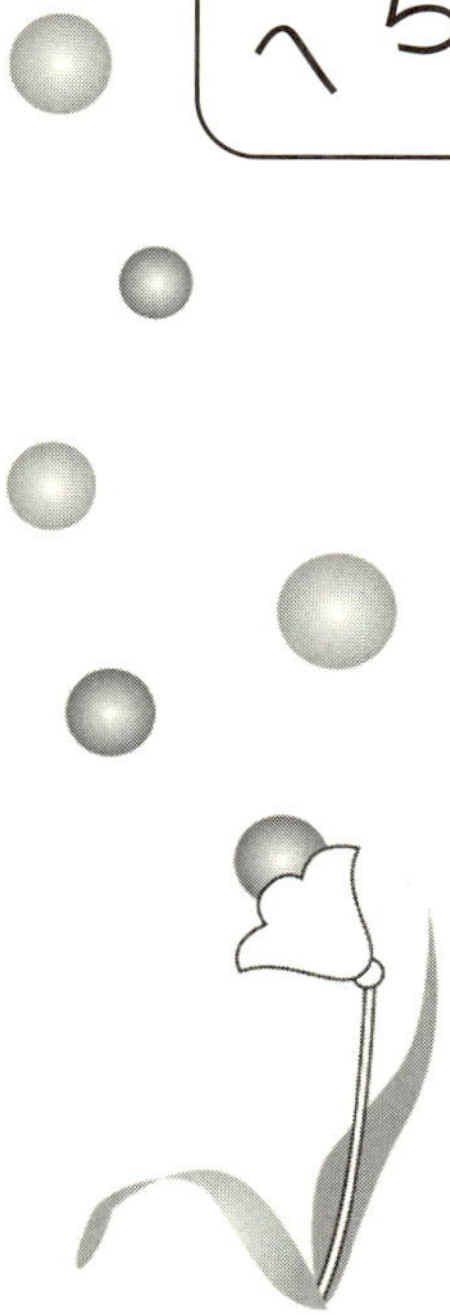

Question 3

育児に疲れてきた母親

二児（四歳女子・三歳男子）の母親です。上の子は家にいるときはよく言うことをきくのですが、外へ出るとわがままを言い、下の子は私が家事で忙しいときに限ってまとわりついてきます。

　夫は仕事のことしか頭になく、休日にもほとんどめんどうを見てくれません。そんなこともあって私も必要以上に子どもを叱ってしまい、後で自己嫌悪《じこけんお》になるということを繰り返しています。

（30代・主婦）

Answer

●解決に向けた四つのポイント

この質問から、四つの問題が見えてきます。

第一は、上の子がなぜこんなことをするのかということです。おそらく、家ではお母さんの言うことをよく聞いて、自分では一生懸命〝いい子〟を演じているのでしょう。ところが外へ出ると、一変して自分をすべて出してしまう。なぜなら、外で自分を出しても、母親は周囲の手前もあり、叱らないだろうと思っているのです。結局、内と外をじょうずに使い分けることが身につき、そうやって自己確立を図《はか》っているのでしょう。

第二に、下の子が、家事で忙しいときに限ってまとわりつくというのは、子が親の愛情の値踏《ねぶ》みをしているのです。どういうことかというと、母親が忙しいときでも、仕事を少しぐらい後回しにしてでも、あるいは少なくしてでも自分の相手をしてくれることを期待して、そういう行為をとるのです。

そのとき母親が叱りつけて相手をしなければ、ますます下の子の行為は激しくなっていきます。その状態を見ながら、上の子は、自分は叱られないようにますます家の中では〝いい子〟を演じていくというように、問題はエスカレートしていくでしょう。

第三は、お母さんが自己嫌悪に陥《おちい》ってしまうという態度です。ここで考えられるのは、まずお母さんがどのような育ち方をしたのかということです。常に杓子定規《しゃくしじょうぎ》で、きちんとした生活を強《し》いられてきたお母さんが、それをそのまま子どもにも当てはめようとして努力しているけれども、どうもうまくいかないという状況ではないでしょうか。そこには、育児に対する自信のなさが垣間《かいま》見えます。育児書に頼るような育児ではなく、お母さん自身がおおらかな気持ちになり、子どもたちを自然の中でのびのびと遊ばせるように育ててみてはいかがでしょう。

第四は、夫婦間のことです。このことがすべての問題の土台になっています。まず、二人で生活設計についてゆっくり話し合い、夫婦や子どものことなどを具体的に煮つめていくことが大切です。

夫婦間で重要なことは、何といっても信頼関係です。信頼とは「誰かのそばにいると安心、満足、幸福を感じる」ということです。あなたにとっては、ご主人のそばにいると安心、幸福であり、子どもたちにとっては親（特に母親）のそばにいると安心、満足であると感じることです。母親の笑顔とやさしい言葉に触れていると、子どもたちは、本当に安らいだ気持ちになるのです。どうぞ試してみてください。

●表面的な言動にとらわれないで

このような悩みは、目下《もっか》子育て真っ最中のお母さん方に多いようです。ここで注意すべきことは、今後、類似した問題が出てきた場合も含めて、顕型《けんけい》と原型《げんけい》ということを踏まえておくことです。「顕型」とは表面的に表れる性質のことで、「原型」は、その元になる性質のことです。上の子の「家と外での行動」、下の子の「多忙なときの行動」等は顕型です。多くの人は、この表面に出たことだけを一生懸命に直そうとしています。ですから、仮に直ったとしても、それはあくまで一時的で、またいくらも経《た》たないうちに必ず同じようなことが出てきてしまい、問題は前よりも大きくなってしまいます。ちょうど不登校の子どもが一時的に学校に行き始め、ホッと安心したころ、また不登校を始めるといった現象に似ていると思います。

川に浮かぶ汚物を取り除いても、川底にはたくさんのヘドロがたまっているように、子どもの表面に表れた現象を取り除いても、その元になっている部分、つまり、原型を改善しない限り、何度でも出てくることになります。原型にはいろいろなものが考えられますが、今回のご質問の場合は、少なくとも夫婦の人間関係が原型になっていると思われます。

この夫と結婚ができ、その人との間に授かった子どもを育てられる喜びを感じることができるように心のあり方を改善していくことが、原型を改める、ひいてはお子さんの問題を改める最善の方法だと思われます。

ポイント

夫婦の信頼関係と母親のやさしい笑顔が一番

?

Question 4

同居の義父とうまくいかない

現在、夫の父親と同居しています。感情の激しい人で、なんでも押し付けるような態度で私に接します。親として尊敬しようとは思うのですが、心の中ではイライラしてしまいます。

中学生の娘もあまり近づこうとはしません。どうしたらよいでしょうか。

（40代・女性）

Answer

●怨みのキャッチボールはやめる

これからも同居を続けていくという前提で考えてみたいと思います。

まず、お義父《とう》さんがどうしてこのような態度をとるのかを考えてみると、「最愛の伴侶《はんりょ》（妻）を亡くし、日々寂しい思いをしている」「性格的に高慢である」「今まで仕事上で上司から命令され、服従してきたことの反動」などが考えられます。

お義父さんもあなたに対して、少なからずイライラを感じていることは文面からもうかがえます。結局、形は違っても、あなたもお義父さんも、お互いに心の中で相手を責めているという点では同じであるように思えます。子どもさんも、あなたと同じような態度を示すことによって、母と子の絆《きずな》を深めようとしているのではないでしょうか。

では、これからどうすればよいのでしょうか。

お釈迦さまの教えに「怨《うら》みに怨みを以《もっ》てせば、ついに以て休息を得《う》べからず。忍《にん》を行《ぎょう》ずれば怨みを息《や》むことを得《え》ん。これを如来《にょらい》の法と名《な》づく」とあります。

これをあなたとお義父さんとの関係に置き換えてみると、あなたがお義父さんから言われたことにイライラするその態度を見て、お義父さんもイライラするというような状態がいつまでも続き、まるで怨みのキャッチボールをしているようなものだということです。

そこで、この怨みのキャッチボールをやめるためには、まず、あなたが相手の言うことや行うことを認めることです。つまりお義父さんの言動を受け入れ、認め、許すことです。そうすることが人間としての道であるといわれています。たいへん辛《つら》くて、難しいことですが、まずお義父さんとの関係を何とかよくしたいと悩んでいらっしゃるあなたから、このような心に変わることによって、楽しい家庭生活を送っていけるきっかけができるのではないでしょうか。

●まずは意識して努力を

もともと日本の家族制度には、すばらしいところがたくさんありました。それが戦後の占領政策《せんりょうせいさく》によって根本から壊《こわ》されてしまったといっても過言ではありません。

国家・社会の最小単位である家が壊れたら、その構成員である人間も壊れてしまいます。そして、親に対する思い、親孝行という観念が失われてしまいました。ですから、もう一度、家族制度の良さである親孝行を取り戻さなければなりません。

そのことが、人間として果たさなければならない義務であり、それが人の人たる道です。いつの間にか、本来歩まなければならない道からそれてきてしまいました。ここでもう一度、日本人としての道、人としての道へ戻したいものです。家をきちんと秩序あるものにするには、やはり親に尽くすということが基本でしょう。これは難しいことではありますが、不易《ふえき》なものです。

確かに尊敬するのは大変だと思われることが多いでしょうが、荘子は教えの中で「敬を以て孝するは易《やす》く、愛を以て孝するは難《かた》し」(外篇天運)といっています。尊敬するのは易《やさ》しいといっているのです。これはどういう意味でしょうか。

敬と愛とは、ともに親孝行の要諦《ようてい》として考えられています。その中でも敬は意図的にでも努力して親孝行ができるからまだ易しい。しかし、愛をもってする親孝行というのは、〝親孝行しなければ〟などと思わなくても、ごく自然に湧《わ》き出てくるものででなければならないのだから、難しいということです。

愛の心で親孝行が実行できるような人は、他の人に対してもすばらしい人間関係ができており、他のものごとに対しても、自然に穏《おだ》やかな心、広やかな心で接することができるから、「孝は百行《ひゃっこう》の本《もと》なり」（『礼記』曲礼）という言葉があるのです。

ですから、まず意識してお義父さんを敬う気持ちとなり、お義父さんの〝押し付け〟を許し、受け入れてみる努力をなさってください。そうした努力が、何よりもあなた自身をひと回り心の大きな女性に変えていくことになるでしょう。

ポイント

相手を受け入れ、認めましょう

Question 5

どのようにして
職場の上司の理解を得るか

現在の会社に就職して二年目です。休日にボランティア活動をするための資格をとりに、春から夜間の学校へ通っています。会社の終業時刻が来るとすぐ退社していますが、上司はいい顔をせず、だんだん気まずくなってきました。与えられた仕事はきちんとしているのですが、このまま学校に通い続けてもよいでしょうか。

（23歳・男性）

Answer

自分本位に考えていなかったか

資格を取得することは大切なことであり、そのために日々努力されていることは、すばらしいことです。しかし、何をするにしても、その動機と目的と方法が理に適《かな》い、全体の調和が保たれているかどうかを配慮することが必要です。

まず動機については、将来、社会貢献活動に励むために資格をとり、余暇に社会のために尽くすということですから、問題はありません。また、目的もきちんとしています。ただ、このとき大切なことは、本当に純粋な良い心がはたらいているかどうかです。「将来、資格があったほうが有利だから」とか、「人から認められたいから」などという自分中心の心がはたらいていると、結局、自分の利益のためということになりますから、注意が必要です。

次に方法です。ご質問の問題点は、この「方法」にあります。

学校に行く前に十分に職場の理解を得たかどうか、特に直属の上司に意を尽くして、自分が行おうとしていることを説明したかどうかです。あなた自身の心の中に、二年目という慣《な》れから、〝就業時間外なのだから、これくらいのことをやっても会社にも職場にも迷惑をかけないだろう〟という不遜《ふそん》な心がはたらいていなかったでしょうか。また、〝将来、社会のために尽くそうと良いことをしているのだから、これくらいのことは許してくれて当然〟というような、自分本位の気持ちがなかったかどうかです。

次に、これからのことですが、まず自分の心のあり方をよく振り返ることです。経済状況の厳しいこの時期に、終業時刻になってすぐ退社して学校へ行けることに感謝することです。そして、出発点に戻って上司ならびに職場の人たちに、このまま続けていってもよいか、あるいは、やめたほうがよいかを尋ねてみることです。この場合、自分の気持ちは肚《はら》に納め、全体の意にそえるような心構えを持つことが大切です。

もし、了解が得られれば、いっそう感謝の心を深めることはもちろんですが、その気持ちを表す

ために、たとえば、職場の皆さんより朝早く出社して、掃除などをさせていただいてはいかがでしょうか。了解されなかった場合でも、誰も恨《うら》むことなく、まだ、その時期が来ていないのだと考え、仕事に専念して時を待つことです。

●信頼される自分づくりを

では、職場生活の具体的な状況を想定しながら考えてみたいと思います。いろいろな観点があるでしょうが、ここでは「信頼を得る」ということと、「職場の人間関係」の二つについて考えてみます。

今回のご質問の場合も、あなたが「上司から信頼を得ている」という状態だったらどのように進展したでしょうか。上司との関係が気まずくなってきたのは、職場におけるあなたの信頼度が何らかの原因と考えられないでしょうか。

一般に上司や同僚から、「信頼は得られない」「どちらかといえば良くない社員のタイプ」としては、次のような人があげられます。

「遅刻、欠席が多く、毎日遅れてくるのか休むのか、いつも気をもませる社員」

「だれかれと区別なく愚痴《ぐち》をこぼし、同僚・上司の悪口を言いまわる不平不満居士《こじ》」

「理屈は一人前以上に並べるが、自分では何もしない評論家」

「物忘れ、取りこぼしが多く、安心して仕事を任《まか》せられないウッカリ型の社員」

「仕事が達成できないのを状況や他人のせいにする責任回避のチャランポラン型の社員」

「二枚舌を使って上司を裏切る社員」

などです（片山寛和著『若いビジネスマンに贈る手紙』三笠書房刊）。

もし、あなたがこれらの面のいずれかを持っているとすると、とても信頼を得ることはできないでしょう。今回のご質問についても、たとえあなたは何も悪いことはしていないと思っていても、上司や周囲からの信頼が得られていなければ、「自分中心もいいところだ」とはねつけられてしまいます。

こうした点から考えると、上司との人間関係がうまくいくもいかないも、こちら（自分）次第だといえます。上司と気まずいからといって、あなたが嫌《いや》な顔をし続けていると、ますます気まずくなるばかりです。鏡にうつる自分を眺め、自分の表情そのままを相手が示してくれていると受けとめることです。そして、今後は、何をするにも、その動機と目的、さらにその方法にも真心を込めて取り組むことが大切です。

ポイント

方法にもまごころを込めて、信頼される自分づくりをしましょう

Question 6

子どもに物を与えるとき

同じ団地に住んでいるSさんの奥さんとは、子どもが同い年（五歳）ということもあって親しくしています。ところが、Sさんの家では、子どもが遊びに行くと、時間に関係なくお菓子を与えるようです。うちの子どももそれに慣れてしまったのか、最近では、のべつまくなしにお菓子をほしがります。

子ども同士も仲良しなので、遊びには行かせたいのですが、要求心がエスカレートするのではないかと悩んでいます。どうしたらよいでしょうか。

（30歳・主婦）

Answer

自律心を養うよいきっかけ

文面からお母さんの困ったようすが伝わってくるような気がします。

本来なら、お母さんがSさんと直接に会って、おやつの与え方についていろいろ話をし、「わが家では、時間を決めておやつを与えているので、子どもが遊びに行っても与えないでほしい」とお願いしたいところです。しかし、そのことを言えば、相手を傷つけ、不愉快な思いをさせ、今までの人間関係が壊れてしまうのではないかと心配されているようですね。

さて、そこでどうすればよいのでしょうか。

一案ですが、子どもに次のように話してみてはいかがでしょうか。

「うちの家とSさんの家では、それぞれお父さんとお母さんが違うように、家によってそれぞれ考え方に違いがあるの。だから、Sさんの所に行ったときには、そこの家のやり方に合わせて楽しく遊んできてもいいのよ。でも、家に帰ってきたら、あなたはうちの家のやり方に合わせていくことが、家族みんなが楽しくて喜ぶことになるのよ」

このとき、ゆっくりと子どもの目を見ながら、それぞれの家の違いを話せば、子どもも必ず分かってくれるでしょう。

それにしても、人と同じ物がほしくなったり、同じようにしたくなるという気持ちを持つのは今も昔も変わっていませんね。しかし最近、特に強くなってきているのは、みんなが持っているから、みんながやっているから、自分も同じでなければ納得しないという子が多いという傾向です。

もし、十代の半ばくらいになってこのようなことが起こったとしたら、どうでしょうか。子どもの要求は「○○くんは、パソコンも携帯電話も持っている」などと言うようになり、親が先のように話したとしても、子どもはかなり反発するでしょう。

子どもが成長してからこうした問題が起こるよりも、お子さんが幼いこの時期に、自律心を養うのが最良のことかと思われます。人間としてのあり方の基本である「他者との違い」を気づかせることです。そして、子どもが自分を見失うことなく、相手を尊重し、全体との調和を図ることができるようにしつけていくことが大切ではないでしょうか。

●耐えることと「家」の観念

さて、今、周囲の人たちのようすを見ていて、社会生活を健全に営んでいくうえで必要な基本の三つの点が欠けているように思えます。それは、「耐える」「待つ」「考える」ということです。

そこで、これらを育てるために、学齢期に達するくらいの年頃までに、ぜひ身に付けさせたい二つのことを考えてみたいと思います。一つは「耐える」こと、もう一つは「家」ということです。このことが、しっかり身についていないと、大きくなっていろいろな問題が起こってきます。

親がしつけをするときの方法として、およそ次の三点があります。

①むりやりに親の権威で言うことを聞かせていく
②教え諭《さと》すように聞かせていく
③遊びながら楽しくさせていく

親に心のゆとりがあると、この三点を、時と場合によって使い分けますが、親に余裕がないと、だいたいは①の方法を採《と》ります。そんなとき、子どもは全身で泣き叫び、すねて怒ってかなりの抵抗を示します。

それでも、なすべきときには厳しく言って聞かせることが大切です。そして、その後でフォローすることを忘れないことです。フォローをしないから、心の絆がずれてしまうのです。必ず真心を込めて、丁寧《ていねい》に教え諭し、納得させることが大切です。どちらかといえば、親子の体力差があるうち（四、五歳から小学校を終えるくらいまで）に、「物事には耐えなければならないことがある」ということを体で憶《おぼ》えさせることが必要です。

「耐える」と関連していることに「恐れ」があります。ある程度の「怖《こわ》さ」を教えて、それによって「耐える」ように結びつけることは、この時期

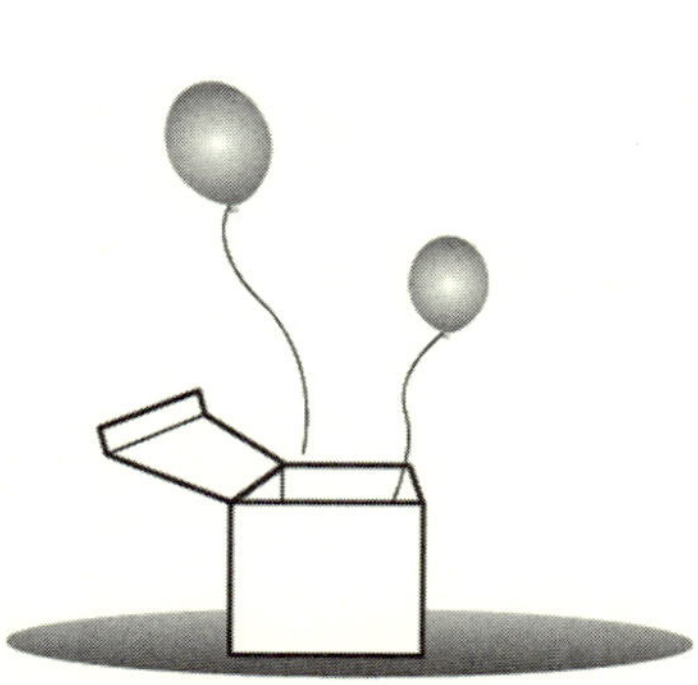

には必要なことです。もちろん、程度が過ぎて子どもの心に大きな傷を残すようなことがないように、真心を基本にするべきでしょう。

さらに、「恐れ」から「畏《おそ》れ」という観念が身につきます。子どもが、〝親は怖いが、その親自身がもっと畏れるものがある〟ということを感じることによって、われわれ人間を大きく包み込んでいる何か畏れ多いものの存在を知らせることができます。それが発する力（例えば自然の猛威など）に対して、耐える力を養わせるのです。

もう一つは「家」という観念についてです。家に一緒に生活している人を家族といい、家族はお互いに協力し合って、はじめて家のまとまり、つまり秩序が保てるということをしっかり教えることが大切です。これが家からさらに広い社会に出たときにも、正しい秩序感を身につける元になるからです。

家の秩序について分かりやすいのは、子どもに体を使って教えることです。例えば、手はどういう役割をしているのか、足にはどんな特色があるのか、目は、鼻は、口はどういう役割をしているのか、というふうに考えさせます。そして、それぞれが勝手なことをしないように、お互いが違いを大切にし相手のことを思いながら助け合っていくからこそ、きちんとうまくやっていけることを教えてやるとよいでしょう。
そして、一人ひとりの人間の命が集まり助け合って、家という大きな命が保たれるのだから、それぞれが家を大切にし、役割をはたしていくことの大切さを教えてやってください。

子どものころのこうした親と子の語らいが、子どもの心に、何が大切なのかという基準を培《つちか》い、自律から自立へと成長していく基礎になっていきます。

ポイント

自律心を養い、まとまりの大切さをはぐくみましょう。

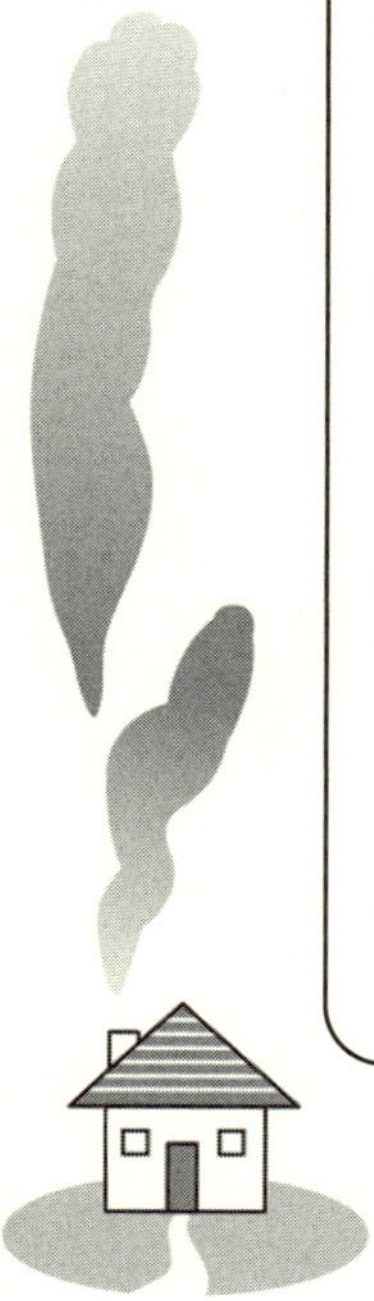

?

Question 7

熟年夫婦のあり方

二人の子どもが独立して所帯をもち、私は、夫と二人きりの生活です。そこで、これまでできなかったことを始めようと、趣味やボランティアに、元気な体を目いっぱい使っています。

ところが、私の外出が多くなったことに夫は賛成してくれず、「家にいてほしい」と不満をもらします。どうしたらよいか教えてください。

（五十六歳・主婦）

Answer

●夫に安心と理解をしてもらう努力を

人生八十年時代を迎え、第三の人生をどのように過ごすかが大切になってきました。第三の人生とは、一般に子育てにめどがついた五十歳前後からだといわれています。この時代を「夫婦の時代」といい、今回のご質問はちょうどこの時期に当たります。この時期の過ごし方によって、自分の人生が幸せかどうか決まるとさえいわれています。

この時期は、一般的にご主人が定年退職して一つの区切りとなる時期です。定年退職した夫は、少しゆっくりしてこれから先のことを考え、夫婦で何かをしていこうと考えるものです。それまで仕事で家のことは妻任《まか》せでしたから、これからはすべてのことを妻とともにやっていこうと考えます。これに対して妻のほうは、夫よりも先に自分のやりたいことを見つけ出していたり、気心の知れた友人といろいろなことを満喫しようと考えていることが多いのです。このように、お互いの生活設計に対する考え方が違っているのが一般的なようです。今回のご質問の場合も、このケースに近いと思われます。

現時点では、夫の不満も理解できますが、まず二人で今後の生活設計をしっかりと話し合うことが大切でしょう。第三の人生とは、夫婦が共に助け合って喜びと生きがいのある、人生の後半を築いていく時期であることを理解してください。

そこで少し極端な言い方かもしれませんが、次のような提案をしたいと思います。

一週間のうち二、三日間は、とにかく夫といっしょに共通のことをします。あとの二、三日は、お互いに好きなことをします。そして、残った日は、完全な休日というように大雑把《おおざっぱ》に区分けしてみるとよいのではないでしょうか。

そして妻は、自分が外出した場合には、自分たちが外でしていることや友人たちのこと、その雰囲気などを、できるだけ夫に話して聞かせるよう注意したいものです。そうやって自分が外出していることを夫に安心してもらう努力をしてください。こうして夫に理解してもらったうえで、自分が外出した二、三日は夫に家事をするように協力してもらってはどうでしょう。

もし、妻が帰宅して食事の用意や後片づけをするようですと、妻に大きな負担がかかり、疲れが出てきて長続きしないでしょう。ですから、夫はまず、料理の実習からしてみましょう。これも大きな楽しみになるかもしれません。

逆に妻のほうは、夫の料理がたとえおいしくなくても、喜んでいっしょに食べることです。また夫の家事に多少の欠陥《けっかん》があり、そのことに注文があっても、認めて気長につき合っていくことが必要でしょう。こうしたことによって、相手に対する深い思いやりの心が芽生《めば》え、相手の努力に対して感謝の心が育ちます。

また、今まで多くの人たちに支えられて、ここまでくることができたことを考えて、二人でお返しをしていくことも大切なことです。奥さんはボランティア活動をしておられますが、例えば夫婦で社会貢献をすることも視野に入れてみてはいかがでしょうか。

●夫婦で最適なバランスをつくる

熟年夫婦に限らず、昔からよく「似た者夫婦」などといわれるように、いろいろな面で夫婦は似た点を持っており、その度合いが高いほど、バランスがよくとれて、しっくりいくのだと思います。夫婦のバランスは、よく「凧《たこ》上《あ》げ」にたとえられます。凧の体は夫で、尻尾《しっぽ》は妻であり、この尻尾がないと凧はとても不安定です。凧の重さや大きさなどに合わせて尾を長くしたり短くしたり、重くしたり軽くしたりとバランスを保つことを考えます。バランスが保たれてはじめて、凧は風に乗って空高く舞い上がっていくのです。

さて、長い間、バランスを保ちながら生きてきた熟年夫婦です。舞い上がらないわけはありませんが、第三の人生のスタートに当たって、お互いに自分勝手な思いばかりを出しすぎるとキリキリ舞いになってしまいます。

ある統計によると、高年になって夫が何もせず、すべて妻に依存し、亭主関白的であると、妻は早めに亡くなるという傾向がみられます。おそらく、妻の側にストレスが溜《た》まることなどが要因になっているようです。逆に、そうしたストレスから解放されて夫婦がいたわりあっていけば、ずいぶん長生きをするといわれています。

夫は定年までは仕事に精を出し、妻は家を守るという意識がまだまだ強く残っていますから、夫の定年退職まではそれなりにバランスが保たれていましたが、夫の退職後は、それまでとは違った夫婦のバランスのあり方を考え出していかなければ、先の統計のような寂しいことになりかねません。形と心の両者をどのように調整して変えていくか、それぞれの夫婦で最適なバランスのあり方をつくり出すことです。

もう一つ。熟年から高年にかけては、健康で過ごすことができるかどうかが、うまくいくための最高の条件です。佐藤一斎《いっさい》は『言志晩録《げんしばんろく》』（『言志四録』）の中で、「少にして学べば、則《すなわ》ち壮にして為すことあり。壮にして学べば、則ち老いて衰えず。老いて学べば、則ち死して朽《く》ちず」と述べています。よりよい学びは、ボケ防止にもなりますし、生きる活力を持続させるためのエネルギーにもなります。

ポイント

今後の生活設計を話し合い、喜びと生きがいのある人生を築いていきましょう

?

Question 8

後輩への指導のあり方

部活動でテニスをしています。先輩の三年生から、一年生のやる気のなさを指摘され、二年生の私たちは、それなりに一年生に注意するのですが、なかなか改めてくれません。同級生とは、板ばさみになっているつらさを話し合っていますが、一年生を指導するうえでの、厳しさ、優しさについて教えてください。

（高校二年生・女子）

Answer

●信頼感があってこそ

この悩みは、今のあなた方にとってはたいへん大きなものだと思います。

現在は二年生ですが、自分たちが一年生のとき、二年生に対してどのような態度で接し、二年生の注意をどのように受けとめたのかを振り返ってみるよいチャンスだと思います。

つまり、現在の一年生が、あなたたち二年生の歩んできた道と同じように歩んでいるのか、あるいは、時代の変化とともに一年の違いが出ているのかという現状をよく知ることが、まず第一です。そして、現在の一年生が自分たちと同じようなことをしているならば、自分たちが解決してきた方法を何か示してやらなければなりません。

一方、現在の三年生がどのような思いでいるのかをしっかり受けとめることが大切な条件としてあげられます。

もちろん、先輩の思いを受けとめながらも、毎年同じことの繰り返しでは進歩がないでしょう。

少し難しいかもしれませんが、『大学』という中国の古典の中に「上《かみ》に悪《にく》む所は、以《もっ》て下《しも》を使うなかれ」という言葉があります。意味は、「自分が下のとき上の人の自分に対するやり方が不当だと思ったならば、下の人に対して、同じやり方をしてはならない」ということです。これを「絜矩《けっく》の道」といいます。つまり、大切なことは上下に関係なく、自分なりの思いやりの心ということになります。

さて、ご質問の最後の部分にある、「厳しさ、優しさ」についてですが、どちらもその土台に「信頼」ということがなければならないでしょう。

一年生を指導するあなた方の気持ちの中に、「なぜ上級生の言うことが素直に聞けないの？」とか、「私たちも厳しい中をやってきたのだから、今度は一年生が素直に聞いて、そのとおりにするのは当然なことなのに」というような考えはないでしょうか。何事も相手を批判したり責めたりする心で注意する場合は、お互いの心の中に不信感がありますから、相手にこちらの思いは伝わりません。

その結果、「厳しさ」が前面に出過ぎれば、「冷たい」「責める」「厳しすぎる」となりやすく、「優しさ」が出過ぎれば「迎合《げいごう》」「ぬるま湯」「いい加減」などと受け取られてしまいます。

さらに、個人が注意すべきことと、部全体として注意すべきことの区分をはっきりさせて取り組むことも重要です。

お互いに苦しく辛い練習に耐えてこそ、試合で成果が表れるのだと思います。このことは部員全員の共通認識にしたいものですね。

●明るく前向きに

部活動のことが直接的な質問ですが、あなたのような十七、八歳の時期に、人間関係についていろいろと学ぶことは、その後の人生においても役に立つことですから極めて大切なことです。人間関係の基本をあげると、上の関係、下の関係、横の関係の三つになります。

図示すると次ページのようになると思います。

ご質問は、自分と下級生という関係ですが、根底に流れているのは、スポーツ、すなわちテニスを通して上・下・横の人間関係を深めながら、同時に技術的にも高まる

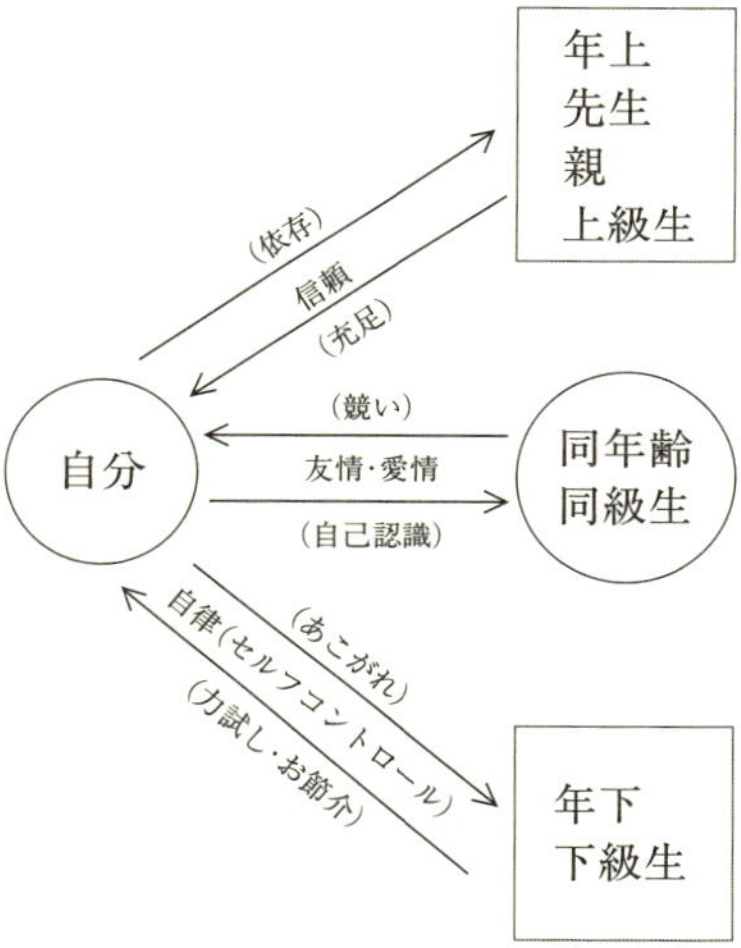

ことです。さらに、他校との試合に勝つという目標を掲げることによって、技を磨き、さらに自分たちを高めていくことにあります。

日々の部活動においては、いろいろなトラブルや問題で人間関係に悩むことがあるでしょうが、スポーツを通して、将来の自分や自分たちの、さらには下級生たちの人生をよりよいものにしていくための基礎がつくられるときですから、前向きに明るく課題に向き合っていってほしいと思います。

ポイント

思いやりの心で信頼感を築くことが基本です

Question 9

高齢者を雇用する場合の心構え

私は近々、小さな木工関係の作業所を始める予定です。私の父は仕事が生きがいでしたが、定年退職後はすぐに病に倒れ、ほどなく亡くなってしまいました。そんな父を見るにつけ、お年寄りにはその意志があるかぎり、いつまでも生きがいをもって働く場を提供したいと考えるようになりました。

近所に定年退職された方が多いので、そのような高齢者を中心に雇用したいと考えております。事業経営上のことはめどがたちました。このような場合、経営者としてどのような心構えでいることがよいのでしょうか。

（48歳・男性）

Answer

●人生の先輩から学ぶつもりで

すばらしい着眼だと思います。事業経営についてはは、めどがついているとのことですので、ここでは、心構えなどについて考えてみたいと思います。

すばらしいことの一つは、この事業のきっかけが、亡くなったお父さんの思い、願いを叶《かな》えるということです。高齢者の方々に生きがいの場を提供することは、お父さんに対する供養《くよう》にもなるでしょう。亡き親がやりたかったこと、やり残したことを子が行い、その願いを叶えることは、親・祖先に対する大きな供養です。

次に、社会貢献になるということです。事業そのものが社会貢献ですが、ただそれだけにとどまらず、今後の高齢社会の一指標にもなります。

さて、大切なことは、人生の先輩、人生の経験者からいろいろなことを学ぶという姿勢、すなわち謙虚に先輩から教えを受けるという態度です。

基本的には、経営者と従業員という関係ではありますが、時としては、その枠《わく》をはずした関係が必要になります。高齢者の場合は、今まで多くのものを修得されて持っておられる人たちですから、個々の特性を、どう生かしていただくかにかかっています。

また、一つ心がけたいことは、若い人の場合は、何をするのにも手早く、エネルギッシュにやっていきますが、高齢者の場合、その逆になることが多いと思われます。ですから、すべてにおいて、余裕を持って進めることが肝要《かんよう》です。

「事業は人なり」と言われます。本来、事業の目的は、個々の人たちに幸福になっていただくことであり、社会の平和を実現することであり、同時にその事業体が、ますます発展し永続するようにならなければなりません。そのための企業努力を図ることは当然のこととして、最も努《つと》めなければならないことは、自分と従業員の方々の品性の向上に励むことです。

社会で活躍された方々に、もう一度、新しい事業を通して、能力を発揮していただく機会を提供しようとされるあなたに敬意を表するとともに、ぜひ成功させて、これからの高齢社会のあり方のよい手本をつくってくだされぱと念願いたします。

●事業経営は自然の法則に従って

一般論になりますが、人を動かして指導力を発揮していくには、いろいろな条件が必要ですし、能力も必要です。しかし、それらが網羅《もうら》されていても十全《じゅうぜん》でない場合があります。

私たちは自分の力で生きていると思っていないでしょうか。特に事業経営をされる方は、自分の持っている力を元にリーダーシップを発揮し、果敢に新しい分野に挑《いど》んでいくパワーを持っていますから、自分の力だけで生きていると考えがちになります。

しかし、私たちは、いかなる人も大きな自然の法則の中に生かされて生きている存在です。その点をどの程度気づいていくかで事業経営のあり方も変わってきます。そのことを先人は体験的に知っていて、天・地・人、すなわち、「天の時」「地の利」「人の和」を蓄えなければ、効果をあげることはできないと示しています。

事業が百年以上も続くということは、今も昔も大変な難事ですが、その難事を受け継いで実践しておられる経営者の方から話を聞いたことがあります。そのとき、ふと思ったことがありました。それは「五知の知恵」（李繹《りえき》）ということで、次の五つの知恵を指します。

一、難を知る　つまずく原因・要因は自分にあることを知る
二、時を知る　時流と自分の立場・役割を知る
三、命を知る　自分に与えられた使命を知る
四、退くを知る　出処進退《しゅっしょしんたい》の心構えを知る
五、足るを知る　高望みをしないで分相応を知る

この五つの知恵をはたらかせていけば、自然と天・地・人が備わるようになるといわれていますが、その家の経営者は、このことを知ってか知らずか、自然に「五知の知恵」を実行してこられたのだろうと思いました。

こうした大自然の法則の存在をよく知ったうえで、みずからの考え、みずからの努力が生きてくるのです。昔から東洋に「思考の三原則」というのがありますが、それは次の三つになります。

一、前のことにとらわれず、長い目で見ること

二、物事の一面だけを見ないで、できるだけ多面的、全面的に観察すること
三、枝葉末節《しようまっせつ》にこだわらず、根本的に考察すること

とあり、この三原則を、今後起こりうるであろういろいろな問題の解決策として当てはめていくと、問題の枝葉にとらわれず、常に原点、つまり根本的・構造的にものを見て考えることにより、一つ一つの問題の本質をとらえた解決案を見いだすことができるということです。

あなたの場合、事業経営のすばらしい動機がありますが、経済的環境はとても厳しい今日です。具体的にはさまざまな課題が生じることもあるでしょうが、しっかりした目標がある以上、根本を見失わずに、それに向かって事業を進めてください。

ポイント

事業の目的を見失わず、謙虚に学びながら進めることが大切です

?

Question 10

自己の確立と「思いやり」

私は自分自身のことを意志薄弱で、何かものたりなく考えています。人と違っていても貫《つらぬ》けるような自分の核となる、しっかりとした信念を自身で確立したいと考えていますが、そうなると周囲の人とうまくいかなくなるような気がします。また、他人に対する思いやりの気持ちが欠けてしまうのではないかと思っています。両者は矛盾《むじゅん》しないのでしょうか？

（大学一年生・女性）

Answer

●まず身の回りのことから

まず、結論から言いますと、矛盾はしません。むしろ逆で、あなたの考えていることのほうが矛盾しています。

「矛盾」とは、「理屈に合わない、つじつまが合わない」という意味ですね。ちょうどよい機会ですから、その語源を見てみましょう。

中国の古典『韓非子《かんぴし》』に、「楚《そ》の国に矛《ほこ》と盾《たて》とを売る者があって、自分の矛はどんな盾をも破ることができ、自分の盾はどんな矛をも防ぐことができると自慢していたが、ある人に『おまえの矛でおまえの盾を突いたらどうか』と言われ、答えられなかった」とあります。ここから矛盾という言葉が生まれました。

あなたの場合、自己の確立と他者への思いやりが矛盾するのではないかと考えているようですが、少し受けとめ方が違うように思います。

自分の核となる信念とは、自己確立であり、個性の伸長ということですね。それは、エゴ、つまり欲求をそのままむき出しにして自分の考えや意見を押し通そうとすることではありません。あくまで自分自身の長所・短所をよく知ったうえで、周りの友人とも意思の疎通《そつう》を十分に図り、調和を保ってやっていくということです。

人間は皆それぞれに生まれも育った環境も違いますから、考え方や意見が食い違っていて当然です。物事を進めるときは、自分の信念に基づいて行うことが大切ですが、当然、相手の意見も、他の人たちの意見もあるわけですから、そうした人たちの意見を尊重しながら進めようとするときには、時として自分が妥協《だきょう》しなければならない場合があります。妥協とは、多少、自分にとって不都合なことや思いどおりにいかないことがあっても、お互いが譲《ゆず》り合って一つのことを上手にまとめあげていくことです。これは思いやりの心が基礎にあってできることです。

●自分の手づくりで

もう一つ、あなたは自分で意志薄弱だと自己評価をしていますが、今後は自信を身につけるために、たとえば、身の回りの小さなことは自分で決め、周囲から多少何か言われても、「私はこのようにやります」という強い意欲を持って、あまり気にすることなく（極度に利己的なことは慎《つつし》むべきですが）、最後まで成し遂げてみてください。ちょうど、難しい数学の問題が解《と》けたときのような成功感とか成就《じょうじゅ》感を味わうのと同じことになるでしょう。それが、人生の問題にも応用できて、自信につながります。思いきってやってみましょう。

また別の面から、自己の確立とか自分らしさを見つめて、それをしっかり保持させるためには、小さいころから身につけねばならないものがありますが、それは自律心です。今からでも遅くないので、努力してみるとよいと思います。

「自律」とは、辞書によれば、「他からの支配・命令によらず、自分で自分の気持ちを抑えたり、自分の規範によって行動したりすること、また、自分で自分を制御《せいぎょ》すること」とあります（『国語大辞典』学習研究社）。これがきちんと芽生えていない場合には、小さなころに次のことが不十分であったと思われます。

一、我慢強さやたくましさの乏しさ
二、自己克服力の不足
三、けじめや責任感の欠如

四、思いやりや公徳心のなさ
五、労働を知らない、汗を流すことがない

大学生になった今、あらためて自分自身の力で、この一つ一つに意欲的に取り組んでみてください。自分づくりは多少遅くても、不十分でもよいのです（一生をかけて行うものだともいえるのです）。大切なのは、自分の手づくりで行うことなのですから。

ポイント

信念と思いやりの調和に向けて、まず身の回りのことから始めてみましょう

Question 11

孫のしつけ

私は、息子夫婦と六歳になる孫の四人暮らしです。息子夫婦は私のことを大事にしてくれますが、子どもに対して甘く、叱ることがほとんどありません。心配になって一度だけ注意をしたことがありますが、夫婦そろって機嫌《きげん》が悪くなり、それからは口出ししないでいます。このままでは、孫がわがままな人間になるのではないかと心配です。

（65歳・女性）

Answer

●広い心で導いていく

息子さん夫婦たちに囲まれて、お幸せな生活をしておられるごようす、たいへん結構なことと存じます。幸せであるがゆえに起こる問題かもしれませんね。

お年から推察すると、あなたの小さいころは「家」が中心の時代で、祖父母が子どもや孫の教育も含め、家についてのすべてに力を発揮していた時代だと思います。

しかし、今日では、子どもの教育は親が責任を持ってするという風潮です。基本的には、確かにそうですが、やはり親は祖父母を経験豊かな人生の先輩として尊敬し、いろいろと知恵や教えを受けようとする姿勢が必要です。そのほうがものごとを進めるのに、ずっと合理的だからです。

あなたがすべきことの第一は、孫のことを注意するのではなく、息子夫婦と三人で、わが家をより温かく明るい家庭にするために話し合うことです。

そのとき、息子たちが、子どもの教育について、仮に「いっさい何も言わないでほしい」と言うのであれば、喜んでそれを受け入れるようにすることです。そして、口には出さずに、常に心の中で子と孫の間違いのない成長を祈り続けることです。

第二は、息子との二人の時間をさりげなくつくって、親として子ども（息子）を育てる義務があるという思いと、親としての息子を認めてやる思いをもって、間違ったことには注意し、諭《さと》していくことが大切でしょう。

なお、あなた自身は、趣味などを持って生活するようにしたらいかがでしょう。ご自身で何か打ち込むものを持っていただきたいと思います。すでに、おやりかもしれませんが、それを自分の生きがいの一つにすることです。そして、趣味のこと、子どものころのこと、今までの自分の歩んできた人生などを孫に明るく話してやることが大切なことだと思います。

●生命のつながりを意識して

こうした孫の心配も、元をただせば理想的な家庭をつくりたいという気持ちの表れだといえましょう。

私たち人間に生命があるように、家にも生命があるという見方をしてはいかがでしょうか。あなたの家は三世代同居です。あなたの親・祖先の生命というものが長く継承されています。この長さをより続けるために、もう亡くなっておられるであろう、父母、そして祖先に対して、何らかの指示を受けるような気持ちで常に心で話しかけ、今日のようすを報告することが大切ではないかと思います。そして、神仏に詣《もう》でる姿を子や孫に見せることにより、親・祖先とのつながりを感じるようにしていくことです。そのことが暗黙の中にも、孫の心へ大きな影響を与えることになるでしょう。

直接言うことも必要かもしれませんが、〝見守る〟という気持ちの表れとして、このようなあり方が望ましいように思います。生命のつながりを大切にした明るい家庭を築いていかれることをお祈りします。

ポイント

「命の継承」を念頭において、祈りと見守る心で接していきましょう

Question 12

わがままな若者にどう接するか

わが社は、仕事の内容上、男子アルバイトを雇うことが多く、私はその責任者です。以前はアルバイトといっても、出勤時間も割合に正確でしたし、節度も守られていました。
　ところが、最近は、遅刻して当たり前、注意をするとすぐ不機嫌になり、中には「うるせーな」と言ったきり辞《や》めてしまうこともあります。そのたびに私の管理能力が問われます。若いわがままな人に、どのように接し、注意していけばよいでしょうか。

（53歳・男性）

Answer

●まず言い分に耳を傾ける

お悩みのようすがひしひしと伝わってきます。

最初に確認することは、アルバイトとして採用するときは、就業規則などの説明を押しつけるような態度ではなく、優しく、しかし、はっきりと説明することです。そのうえで規則にはずれた場合は、注意し、正当な処分も必要となります。

一方、若い人と接するときになすべきことは、最初から注意することではなく、まず相手の言い分を聴くことが必要でしょう。たとえそれが言い訳、弁解などであっても、ゆっくりと耳を傾けることだと思います。

ただし、そのとき、こちら側の心の姿勢が問題です。例えば「こんな若者をつくった家庭・学校・社会・時代が悪い」「こんな若者相手に、どうして自分が嫌な思いをしなければならないのか」などと思っていると、そうした思いが相手には何となく嫌な感じとして伝わるものなのです。

大切なことは、問題の原因を外側、つまり自分を取り巻く環境や社会のあり方に求めてばかりいては、本来の問題は解決しません。

むしろ、「自分のほうに何か問題はないだろうか」「相手の立場に立って考えようとしているだろうか」「責任者という自分の立場でしか考えていないのではないか」というように、内側、つまり自分自身のことを冷静に見つめることが、実は問題解決の大きなきっかけになります。

人間関係がうまくいかない場合は、お互いに「心の扉は内側から鍵がかかっている」ということがしっかり理解できていないことにあります。このことは、こちらが心の扉を開いた分だけ、相手が見えますし、それと同じ分量だけ相手もこちらの心が見えるということです。

結論を言えば、「自分が変わった分だけ相手も変わる」ということです。自分がどういう心で若い人に向かっているかなのです。「嫌な役目だ」「なんてやつだ」という思いではなく、「このアルバイトの経験を通して、少しでも育ってほしい」という気持ちを強く持って、若者に対する接し方を、あらためて見直してほしいと思います。

●リーダーの資質

一般論として、管理能力という面に目を向けてみましょう。人間が二人以上集まれば、そこにおのずとリーダーとフォロワー（従う人）ができます。あなたの場合、典型的なリーダーです。そこで、自分はリーダーとしての資質が具《そな》わっているかどうか、欠けているとするならばそれは何であるか、また、どの程度かを見つめることが大切です。そして、その欠けている点を身につけるよう努力することも合わせて必要なことだと考えていきたいものです。

資質の条件の一例として次のような点があげられるでしょう。

一、人間的魅力……これはリーダーとして最も必要なものです。すなわち、人柄、品性、人格などといわれるものです。私も若いころから多くの上司に仕えてきましたが、人間的魅力が具わった人からは本当に多くのものを学びましたし、教えられたものです。

二、判断力、決断力……幹部に給料を払うのは、これらがあるからだともいわれますが、常に全体的な視野に立って考えていないと、これらの力は具わってきません。

三、実行力……これは「一、人間的魅力」との関係が大きいといえますが、いわゆる、「自分についてこい」式にグイグイと引っ張っていくタイプから、地道にこつこつ実行するタイプなど、いろいろな場合があります。

四、指導力……リーダーというと、この指導力だと思い込むことが多いのですが、これは説得力とも大きく結びついているようです。演出力・演技力を発揮して、いわゆる根回し上手になって全体の調和をはかっていくには、指導力が欠かせません。大雑把ですが、リーダーの資質としてこのような面がありますから、みずからに一度当てはめてみることも参考になると思います。

ポイント

心から耳を傾け、相手の心の扉を開きましょう

?

Question 13

同居の心構え

私は、結婚して十三年を迎えます。夫（四十一歳）と子ども二人（十二歳・九歳）の四人家族です。近々、今一人暮らしの義母と同居することになっています。現在、問題があるわけではありませんが、不安な思いでいます。同居で注意すべきこと、心がけるべきことは何でしょうか。

（37歳・女性）

Answer

●明るく楽天的に接する

あなたが専業主婦なのか勤めているのか、夫は自営かサラリーマンかによって同居の状況が変わってきます。また、いっしょに住む家は二世帯住宅か一世帯住宅か、部屋数は多いか少ないか、さらに義母が一人暮らしをしていた期間の長短、義母は家事が好きか嫌いか、性格は外向的か内向的かなど、それぞれによって違いが出てくると思われます。状況が分かりにくいので、一般論として考えてみましょう。

あなたは「不安な思いでいる」とありますが、心のはたらきは知らず知らずに大きな影響を及ぼすものです。「不安な思いでいる」と、不思議と実際の生活も不安なものになってくるのです。ですから、〝自分はすばらしい人間関係をつくって生活できる〟〝同居することによって楽しみが多くなる〟と、みずからに言い聞かせるようにしてみてください。

また、一般的な家庭では「二人の主婦はいらない」といいます。それは、四六時《しろくじ》中《ちゅう》顔を合わせて家事一切をいっしょにするのですから、いつの間にかぶつかるようになってしまうからです。

ですから、必ず家事の役割分担をどのようにするのか、どちらが主に家事を行うのかなど、早いうちに話し合って決めることです。もし、義母が家事の嫌いな人ならば、家事をやってもらうのは避けたほうがよいでしょう。

次に、義母の性格が明るく社交的であればあまり問題はありませんが、神経質で、考え方に柔軟性がないと、いろいろと難しいことになります。また、あなた自身の性格も絡《から》んできます。しかし、これはクヨクヨ考えても仕方のないことです。

その他、いろいろなことが考えられますが、よく言われるように、すべからく〝嫁は名優であれ〟という視点が大事でしょう。「上手に演技をする」というと語弊《ごへい》がありますが、要は常に意識をしつつ、誠心誠意、努力していくことが大切です。基本的には明るく楽天的に、わが子のわがままにつき合うような気持ちで義母に接し、義母に合わせるという心づかいが必要です。

もちろん、愛するご主人を生み育てていただいたという感謝の心と、現在、自分が暮らせる幸せをかみしめていることが、すべての大前提となることはいうまでもありません。

●家庭は「許し合い」を練習する場

家庭は「愛を交歓する場」といいます。家庭のあるべき姿は、多人数で生活していくときの明るい賑《にぎ》やかな場を常に想定していくことでしょう。

世間では、二世代、三世代がいっしょに生活することによって起こる問題も指摘されていますが、そうした枝葉のことに右往左往するのではなく、家庭では徹底してお互いを許し合うことを基本に考えることが重要です。すなわち、「わが家は許し合いをしていくことによって多くの人たちの手本になりましょう」というくらいの自負心も必要ではないでしょうか。

祖母と孫、義母とあなた方夫婦、親と子、きょうだい同士が許し合うための練習場が家庭です。例えば、スポーツ選手でも舞台俳優でも、皆あまり人から見られない所で一生懸命に苦労し、努力して、試合や舞台に臨みます。そのように、許し合いの練習は家庭においても、人には見えないお互いの心のありよう、心の使い方によって練《ね》られていくものだといえるでしょう。
お義母《かあ》さんとの間は、まず、お義母さんの存在を家族がしっかりと認識することから始まります。すなわち、「長い人生を頑張ってこられて大変でしたね」という、義母に対する尊敬と感謝の心が、家族全員に浸透していくようにはたらきかけることが、あなたの大切な役割といえるのではないでしょうか。

ポイント

同居をきっかけに、許し合うことのできる明るい家族をめざしましょう

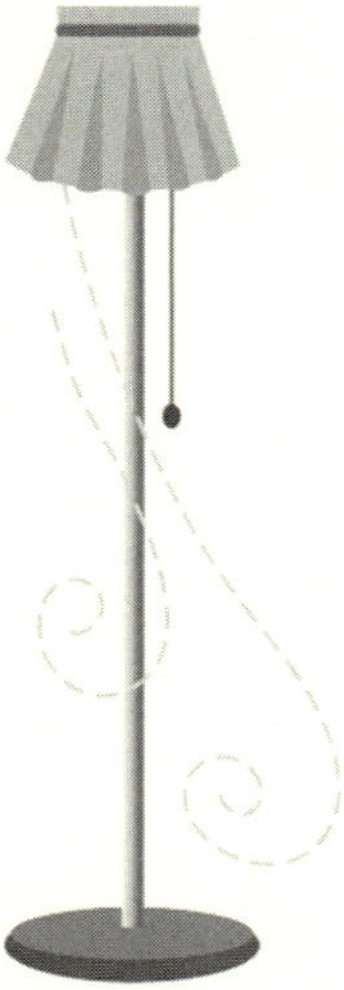

?

Question 14

子どもの疑問にどう答えるか

息子（小学一年生）の友だちの一人に軽度の知能障害を持つ一歳年上のNくんがいます。息子は学校から帰るといつもNくんいっしょに遊んでいます。ところが最近、他の友だちから「Nくんはぼくたちと違うから遊ばないほうがいいよ」と言われたそうです。

息子はそれがどうしてなのか、よく分からないようです。息子が持つ優しい気持ちを壊さず、どのような説明をしたらよいでしょうか？

（33歳・主婦）

Answer

●親の人生観、教育観は？

最初にお母さんご自身におうかがいしたいと思います。子どものしつけ、子育てについて確固とした教育理念を持っておられますか？　それはご主人と共通のものですか？

さて、ご質問とは話題が違いますが、ある小学校三年生の息子を持つお母さんから次のように相談されたことがありました。

「わが家では、祝祭日には必ず国旗を掲げます。子どもも喜んで手伝ってきました。ところが学校の先生に『国旗を掲げる必要はない』と言われて、どちらが正しいのかと子どもに問われて困っている」というのです。

そこで、私は「いろいろな考え方があっていいけれど、日本人として国の祝祭日に国旗を掲げて、平和な日本に生活できる喜び、感謝の気持ちを表すことは当然のことだし、大切なこと。先生は別のいろいろな学びや経験の中から、そう話しておられるのでしょう。どちらが正しい、正しくないという、〝破邪顕正《はじゃけんしょう》〟の考え方で話すことはしないほうがいいでしょう」と言いました。

子どもは成長の途上で、こうした問題に自分で気づき、世界観、歴史観を身につけていきます。大切なことは、親が確固とした人生観を示すことです。

今回のご質問の場合も、今のうちに、人はいろいろな違いを持っている、すべての人と同じように接することが大事、という人間本来のあるべき道をしっかりと話してやってほしいと思います。そして「遊ばせる」「遊ばせない」ということは、ひと言も触れる必要はないでしょう。このことは自然に任せる態度でいくことがよいと思います。

ところで、息子さんがNくんと遊びを続けていくと、いじめなどが起こるかもしれません。そのとき、お母さん（お父さん）自身が、人間として大切なことは何かをしっかりと伝えていく勇気と信念を持ってほしいと思います。親の考え方、生き方が子ど

もの心を大きく育てる礎《いしずえ》になるからです。

●適切な時期を考える

野菜にしろ、草花にしろ、育てるときに必要なのは、まず太陽の光、水、土壌です。そして肥料を含め、これらを適切な時期に適量ずつ与え、不必要なものが出たら剪定《せんてい》をします。後は、ただじっと待つだけです。

では、人間の場合はどうでしょう。「太陽」に当たるのは「愛情」です。「水」に当たるのは「厳しさ」で、「土壌・肥料」は「知性・理性」、そして「剪定」は「叱責《しっせき》」に当てはまります。

二〜三歳の子どもには二〜三歳のように、十代の子どもは十代、二十代は二十代というように、適切な時期にそれに見合った愛情を与えることでよく育つのです。なぜかそれを間違えてしまい、二十代になっているのに幼児のころと同じような対応をしたり、あるいは逆に、幼児なのに、その成長を待てなくて急いでしまい、何年か経って失敗に気づくというようなことがよくあります。

野菜や草花を栽培するときと同じように、子育てにおいても待つことは大切なことです。子育ての根本には、このような考えを持っておられるとよいと思います。

ポイント

親の考え方、生き方が子どもの心を育てる礎になります

?

Question 15

苦境をどう受けとめるか

夫は会社経営をしており、私は経理業務を手伝っています。
利益が上がっていたときは、仕事が楽しみでした。しかし、最近は売上げが悪く、さみしい思いです。
さまざまな会合で、感謝の心・反省の心を学ぶのですが、会社の売上げのほうが気にかかります。また、夫からの一言一言が気に障《さわ》り、いつも腹を立ててしまいます。自分を投げ出したい思いです。どうすればよろしいでしょうか？

（女性・会社員）

Answer

●一喜一憂しない強さ

まず、専門家に会社の企業診断をしていただくことをおすすめいたします（すでにされているかもしれませんが）。会社が将来的に厳しい時代に耐えていくだけの力があるかどうかを客観的に見てもらわなければ、次の上策が出てこないからです。

診断の結果に応じて、ご主人、ご家族とも相談され、これからの基本的な生き方を変えていかなければなりません。

さて、ご質問のようにイライラした状態では、良いものも悪くなってしまいかねません。苦境・逆境になったときにその人の本性が出るといわれますが、今がそのときではないでしょうか。

自分なりに心の浄化《じょうか》に努められておられるようですが、改善が難しいようですね。それは、良かったときの思いが忘れられず、悪くなったのは社長である夫が悪い、社員の努力不足だなどと、他を責める心が知らず知らずに出てしまうからでしょう。

老子の教えに「自らの運命を嘆《なげ》いたりしないためには、水の如《ごと》くあれ。水は障害物があればそこにとどまり、なくなれば流れ出す。四角い器に入れれば四角になるし、丸い容器に入れれば丸くなる。この謙虚な姿が何より人間を強くする」とあります。

これは、どのような境遇にあろうとも、その境遇を甘んじて受けるという強さです。ねばり強い人間は、自分の運命に一喜一憂することなく冷静に受けとめ、善後策を講じます。そのことが、その後をよりよい方向に変えていくのです。あなたは、「自分を投げ出したい」といわれます。気持ちはよく分かりますが、苦境・逆境のために自暴自棄になり、自分を見失うのが下策《げさく》の最たるものです。一時の感情におぼれないでください。

これからは、みずからの心を老子のいう「水の如き姿」にすることをおすすめします。難しいかもしれませんが、そういう心になれるよう努めることが何よりも大切でしょう。

●「おかげさま」で心を安定させる

会社の経営状態のこともありますが、本質的なことに目を向けていくと、厳しい言い方かもしれませんが、当事者の人間の心の立て直しが必要ではないかということです。

あなたご自身の心の動きを推《お》し量《はか》ってみると、普段、何事もない場合はよいのですが、ちょっとした難事が起こると大きく動揺するという点です。

これは、「おかげさま」という意識の薄さから来るように感じます。ですから、これからは何事によらず、「おかげさまで」と、意識的に言葉に出すことが大切です。これは自分自身で感謝の心を育てることにつながります。

おそらく、順調なときはこうしたプラスの心、感謝の心が支配していたと思います。感謝の心は、素直に人の言うことを信じるところから始まるようですね。ご主人から悪い言葉を聞いたときは、「私の聞き方が悪かったかな、マイナスの心がはたらいたかな」という視点で、自分の気持ちを問い直す余裕を持ちたいものです。

例えば、財布の中に一万円持っているとしましょう。

〝一万円しかない。これではやりたいこともできない、買いたいものも買えない〟と思うのか、〝一万円もある。これだけあればちょっとしたものは買える。有り難い〟

と思えるかでしょう。一つのことでも受けとめ方によって、その後の対応がずいぶんと違ってしまいます。

中国の古典に、「義に喩《さと》り利に喩るは只之《ただこれ》一事。伯夷《はくい》は飴《あめ》を見て以《もっ》て老を養うべし。盗跖《とうせき》は飴を見て以て戸枢《こすう》に注ぐべし」とあります。これは「賢人といわれた伯夷が親孝行のために飴を用いたのに対して、大盗賊として名高い盗跖は宝庫の扉の支軸に飴を流しこんだという例話を示し、全体のことを考えるのか、自分のことしか考えないか、元は心一つである」ということを述べています。

あなたも心の学びをされているようですから、心のあり方を、いつでも「義を喩る」方向、つまり感謝の心で全体のことを考えるように務《つと》めてみてください。

ポイント

苦境・逆境のときにこそ、謙虚になって、「おかげさま」の心を学びましょう

Question 16

心から親の世話ができない

母を亡くし、現在一人暮らしをしている父のところへ、日々通っています。

全身全霊で育ててくれた母とは対照的に、父は母を苦しめ、私たち娘へも父性愛など感じさせることはありませんでした。今、私は「かわいそうだから」の思いにのみ動かされ、心では仏《ぶっ》頂《ちょう》面《づら》をしながら、世話をしています。

父の言うことを素直に聞き入れてやれなかったとき、とても落ち込み、やりきれないときがあります。こんなジレンマをかかえています。


（44歳・主婦）

Answer

●優しい心に自信を

長い間の父親に対するあなたの思いが伝わってきます。そして、今のままではいけないということをお気づきのようですね。確かにそのとおりです。

しかし、本来あなたは心の優しい、思いやりのある人だと文面から伝わってきます。ですから、たとえ心から父親の世話ができなくても、落ち込んだり、やりきれなくなる必要はありません。

昔から日本には、「親、親たらずとも、子、子たれ」「親、親たらずんば、子、子たらず」「親、親たり、子、子たり」という言葉があります。

昨今は、二つめの「親、親たらずんば、子、子たらず」、つまり親が親らしいことをしなければ、子も子としての道を尽くさないという風潮が強くなってきているようです。

本来は、一つめの「親、親たらずとも、子、子たれ」で行くことが、人の道に適《かな》うことになります。つまり、たとえ親が親らしいことをしなくとも、子は子としての道、人の道を尽くすことです。これが良き日本の文化として受け継がれてきた親子の道であると思います。現在、多くの日本人は本来持っていた日本人としての美しい心を見失っています。

あなたの場合は、形は一つめを行おうとされていますが、心づかい、つまり気持ちは二つめに近いようです。そのギャップが、ジレンマになっているようです。それは父親のことが感情的に許せないからでしょうが、そのことで自分を責める必要はありません。

時代がどのように変わろうとも不変のものがあります。それが親孝行です。すべての人は、両親がいたから存在しているのです。今、こうしていられるのも両親が自分を生んでくれたからです。そのように大きな視点から親と子の関係をとらえなおして、父親に対するご自身の気持ちを少しずつ整理していくつもりで、まず温かい家庭づくりに励んでみませんか。

どうぞ、あなたが本来持っている優しさや思いやりに自信を持ってください。

●家族制度の良さに気づこう

日本の家族制度について、よく悪い面としていわれるのは、常に家とか家名を重んじ、それが社会・国へと広がり、個人の生き方よりも家や社会・国全体を優先して考えるというように発展していった点でしょう。個人の尊重は大事なことですが、ともすると家や社会・国という意識が個人を抑圧するかのように受け取られるのは間違いです。家族制度は良い面での「国を愛する心」をも培ってきました。

最近はどうでしょうか。家のことすら忘れた国民になってしまったと言わざるをえません。

一九二二年、アインシュタインが二度目の来日をしたときの言葉の一節を熟読玩味《じゅくどくがんみ》してみる必要があります。

「われわれは神に感謝する。われわれに日本という尊い国をつくっておいてくれたことを」

これは、もう八十年も前の言葉ですが、日本の国柄や歴史のすばらしさに感歎《かんたん》して発したものです。あらためて、この言葉を思い浮かべ、アインシュタインが認め、世界が認めていた日本の良さをとり戻したいと思います。その根幹には、日本の家族制度があることはいうまでもないでしょう。親子のかかわりの本来の意味をあらためて問い直すことから始めなければなりません。

ポイント

自分を責めず、「美しい心」を発揮して親の世話をさせてもらいましょう

?

Question 17

夫の母のお節介をどう考えるか

次男である夫と結婚して九か月になります。家計は厳しい状態ですが、二人でやりくりを楽しんでいます。

最近、近所に住むお姑《しゅうとめ》さんが夕食のおかずを毎日持ってくるようになりました。困って実家の母に相談すると「嫁から頼られると姑はうれしいものよ」と言います。理解はできますが、気持ちがついていきません。

どうすれば心から受け入れることができるのでしょうか。

（27歳・主婦）

Answer

●人に甘えることも大切

結婚九か月目ですと、まだ新婚気分が抜けないころで、内心、自分たちの生活にだれも介入してほしくないという気持ちがあるように思われます。

あなたは現在、お勤めされていますか、それとも専業主婦ですか。後者ですと、姑さんのされることはお節介なことと思えるでしょう。しかし、次のようにも考えられます。

母親の手料理に長年なじんだご主人が、結婚してあなたの味になじもうとしてもそう簡単にいくものではありません。そんなようすを何かの機会に姑が知ったとしたらどうでしょう。姑はあなたを責めるのではなく〝少し余分に作って二人に食べてもらい、夫婦仲がいっそう良くなってほしい〟という母としての思いから、ごく自然に行動している、と受けとることができるでしょう。

一方、前者（勤め人）であれば、ねぎらいの気持ちが極めて強いと受けとめることができるでしょう。〝仕事で疲れてさぞ大変でしょう、少しでも役に立てればうれしい〃という思いやりの気持ちです。これは、あなた方に対する純粋な思いがないとなかなかできません。

ご質問に「理解はできますが……」とあります。この「が」が非常にくせものであることを知ってほしいと思います。〃いらぬお節介〃という気持ちが優先し、心から人を受け入れることができなくなるからです。「家計は厳しいが二人でやりくりして楽しむ」の言葉に、そんなあなたの性格が表れています。負けん気があり、自立心も強いあなたの良い面が表れている反面、人を受け入れられない面も垣間見えてきます。

今、あなたに必要なのは、良い意味で人を頼り、人に甘えることです。

●異質な経験は人を大きくする

姑さんの好意を素直に喜んで受け入れられるようになったとき、あなたとご主人との仲はいっそう親密になることでしょう。やがて生まれる子どものためにも、あなたの心を広い大きな優しい心に変えていく良いチャンスととらえてみてはいかがですか。

姑が毎日夕食の副食を持って来てくれることに対して、あなたは「困って」とありますが、困る必要はないのではないでしょうか。むしろ、視野を広める絶好のチャンスですね。例えば、自分の料理の視野を広める、すなわち夫が長年なじんできた一つ一つの味を、姑が毎日持って来てくれる副食の中から学び、自分のものにしたらいかがでしょう。

こうしたプラス発想で、夫といっしょに味わっていけば、夫との会話はいっそうはずみ、夫がどのように育ってきたのかという発達段階まで知ることができて、これからの夫婦生活の中に活かしていけるのではないでしょうか。

今のあなたの、どちらかといえば拒否的で狭い考えは、そのままでいくと夫婦の会話すら味気ないものにしてしまい、ギスギスさせてしまいます。

人生にはいろいろなチャンスがあります。異質な経験をどんどん味わって吸収し、あなたにとっては今までの自分と異なった自分、つまり一回り大きな自分をつくると

きだと受けとめていけばよいのではないでしょうか。

ポイント

快く好意を受けて、
一回り大きな自分をつくりましょう

?

Question 18

娘の夫の不品行

私の娘は、結婚して三年目になり、一歳の子どもがいます。最近、娘が、「夫につき合っている女性がいるらしい」と知らせてきました。

娘は大変ショックを受けました。「とにかく心を落ち着かせて」と返事をしたのですが、私にもどう対処してよいのか、まったく分かりません。娘の夫は、私たちが感づいていることは知りません。

（52歳・主婦）

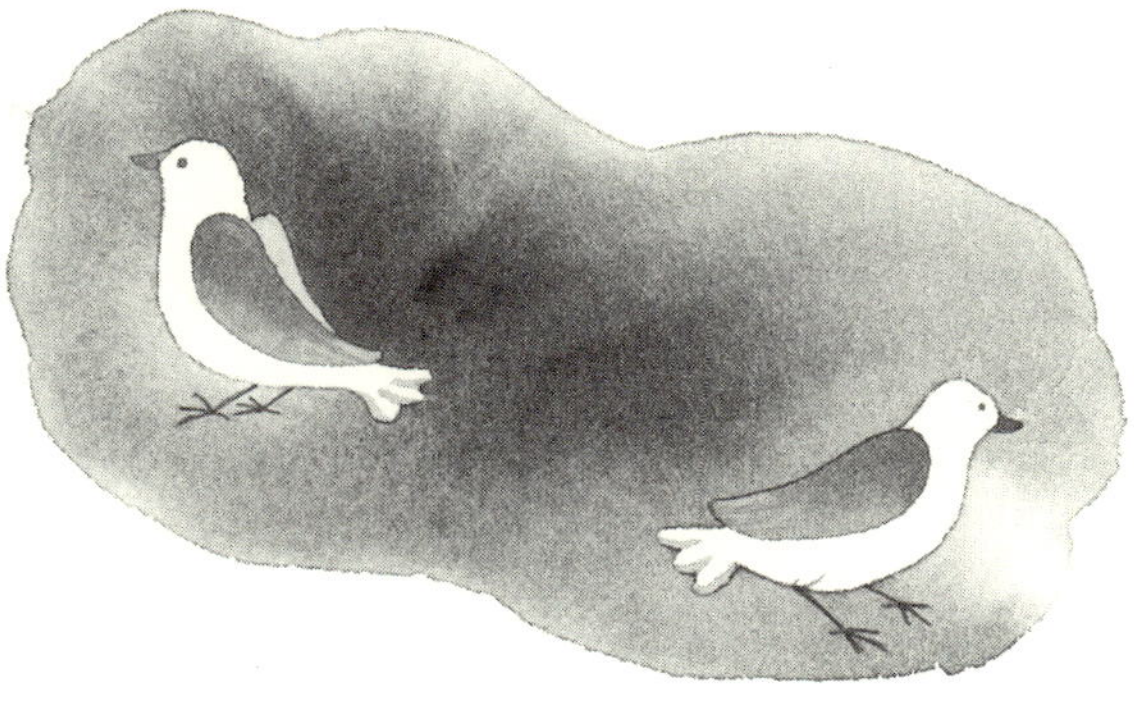

Answer

●まずはお子さんを優先に

突然のことで、目の前が真っ暗になったことでしょう。人生は「好事魔多し《こうじま》」です。そこで、まず問題の真偽《しんぎ》を確認する必要があります。それを行うのはあなた方ご両親（もしくはあなた）がおやりになるのがよいと思います。ただし、娘さんに事の経緯を細かく問いたださないことです。

今、娘さんに必要なことは、夫婦の問題をはっきりすること以上に子育てに専念することです。確かに気持ちは不安定でしょうが、今が赤ちゃんの将来にとって最も大切な時です。良き父親像を描きながら、できるかぎり心穏やかに、笑顔で優しくお乳を与えるようご指導ください。

こうした準備段階を整えて本論を考えてみましょう。

娘さんは恋愛結婚ですか？　見合い結婚ですか？　娘さんの夫とその相手の女性は結婚前から関係があるのですか、それともごく最近のことですか？

結婚前から交際があり、そのまま続いていたとなれば、かなり厳しい対応を考えざるをえません。もちろん、その場合でも娘さんご本人の気持ちを尊重しなければなりませんが……。

ごく最近にできたことであれば、その原因はどこにあったのでしょうか。

夫婦間は結婚当初とそれほど違いはなかったのか。娘さんが子育てに懸命のあまり、夫をないがしろにして、すべてを子ども中心で生活していなかったかどうかというように、娘さんが反省してみる点を抽出《ちゅうしゅつ》することです。その場合、〝私は一生懸命やっているのに〟という考えはいっさい持たないようにすることが大切です。

次に、娘さんの夫の性格を考えてみたいですね。物事の考え方は、はっきり、きちんとしている方ですか？　少し自分中心的な面があるようにも思えます。きょうだいは何人で、どのように育ってきたのでしょうか。いろいろと考えなければならないことがあります。ですから、本当の解決までには時間がかかります。今は、あわてないで、娘さんが落ち着いてご主人と接することができるよう、上手にはたらきかけてあげることが大切でしょう。

●夫婦の溝を埋める努力

ここで、大雑把ですが、不品行ということだけでなく、夫婦に何か隙間風《すきまかぜ》が吹く場合を考えてみました。

一、すでに結婚前から交際している人がいたのに、周囲の状況からやむを得ず、本意でなく結婚した場合は、結婚してすぐに問題が表れてきます。

二、結婚して数年たつと、マンネリ化した生活の中から意識のズレが生まれてきます。

これを図示すると、次のようになります。

独身時代は、お互いに一人の男性・女性としてだけの役割しかありません（図A）。

結婚すると、お互いに夫・妻としての領域ができ、当初はうまくいきます（図B）。子どもが生まれると、さ

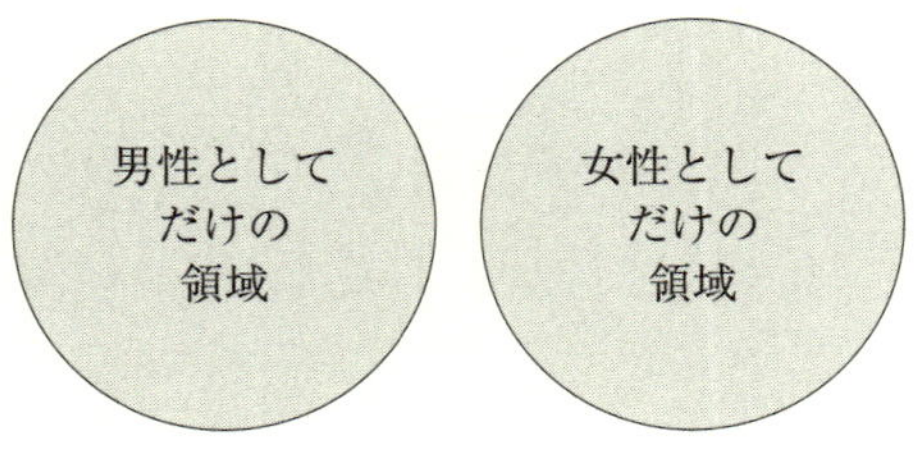

図A

らに父、母としての領域が殖《ふ》えてきます（図C）。

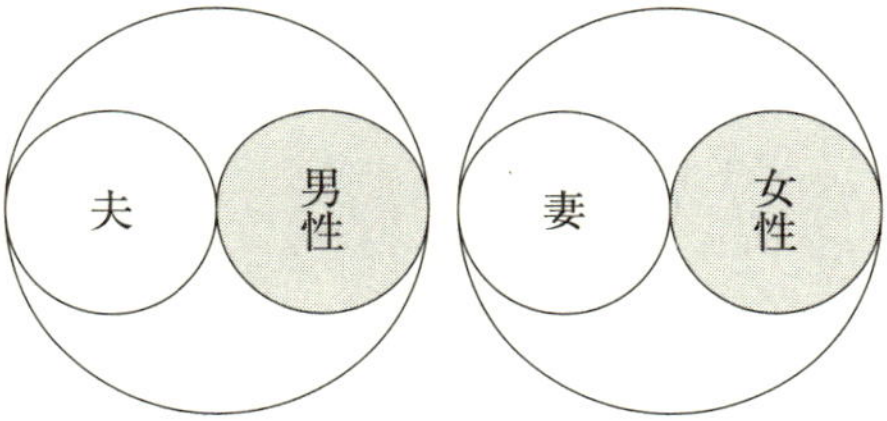

図B

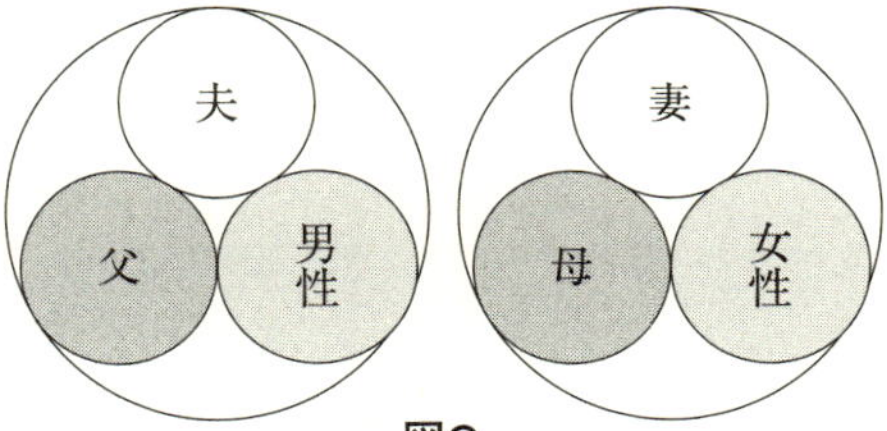

図C

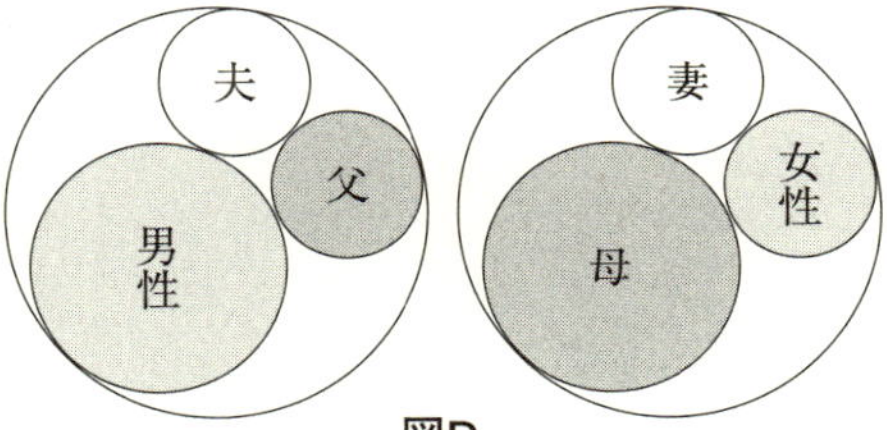

図D

ところが、双方のバランス、つまり「男性と父親」（女性と母親）が保たれている間はよいのですが、女性の場合は母の領域が大きく占めるようになり、「夫にも父の領域を殖やしてほしい」という願いが強まってきます。また夫の側は「以前のようにしっかりと妻の領域もやってほしい」などという願いが強まります（図D）。

その結果、お互いが願っているバランスのズレが表れてきます。特に男がわがまま勝手で甘やかされ、自己中心的に育ってきた場合ほど、ズレが大きく表れやすいように思えます。

三、場合によっては、二十年以上経ってから、ズレが噴出してくることがあります。最初から微妙なズレがあったけれど、子どもの成長や世間体などによってお互いに我慢しあってきたものの、何かをきっかけに、たがはずれて双方が自己主張をし始めます。

四、最後にあるのが熟年夫婦の破綻、つまり離婚です。

この場合、女性のほうから、「これからの人生は、若いころからの自分の好きな夢をもう一度実現したい」などと、自立していくことを宣言され、結局、夫婦の破綻《はたん》となってしまいます。

以上、夫婦の溝について大きく見てきましたが、いずれにしろ、しっかりと心を通じ合わせる努力と、よい家族の人間関係ができていれば、こうしたズレが生じたとしても修復する機能になって、破綻にまで進むことは起こらないはずです。慢心に陥《おちい》ることなく、自分を振り返る心のゆとりを持ちたいものです。

ポイント

夫婦のつながりと子育てのバランスをとって、家族のきずなをしっかりとはぐくみましょう

?

Question 19

人間関係に対して臆病になる

私は昨年、パートの仕事を辞めました。何気ない私のひと言で、同僚を傷つけたようで、それ以来、とても気まずくなり会話もできなくなったからです。

新しい仕事を見つけて働きたいのですが、人間関係にとても臆病になってしまって、勇気が出ません。よい方法はないでしょうか。

（41歳・主婦）

Answer

●失敗を踏み台として前向きに

あなたは、不惑《ふわく》（四十歳）を過ぎた主婦ですね。家庭生活はいかがですか。子どもさんをしっかりと育ててこられたことでしょう。

子育ての基本的な心づかいは、優しさ、温かさ、思いやり、そしてそれらに裏打ちされた厳しさだったことでしょう。この心づかいを基本にしながら、家族の人間関係を築いてこられたことと推察します。

もし、このような基本的な考え方・態度で職場の人間関係を続けてこられたのなら、今回のような問題は起こらなかったかもしれませんね。

文面から推測すると、あなたの性格は明るい感じがします。ですから、家庭ではほとんど何も問題はなかったように思います。そして、職場でも家庭と同じような気持ちで振る舞われ、たまたま相手と歯車が合わないことが起こってしまったのではないでしょうか。

明るい性格なので、家庭と同じように、いつもの調子で喋《しゃべ》っていると、周囲には比較的〝ネクラ〟な人や、たまたま虫の居所が悪い人もいるわけですから、相手の方を傷けてしまったということではないでしょうか。

あなたは責任を感じて身を引かれましたが、そのことで本来の明るい自分まで見失ってはいけません。臆病になる必要はありません。むしろ、問題はこれからではないでしょうか。

前の轍《てつ》を踏まないという細心の注意は大切ですが、失敗を踏み台として、前向きに進んでいくことが人間の成長といえるのではないでしょうか。

今回の失敗から学んだことは、真に相手の立場になって考え、話すことができなかったことですが、このことは長い人生の目標であるともいえます。今回のことで、自分はダメな人間だ、と考える必要など決してありません。あなたの人生はまだまだこれからです。どうぞ自信と勇気を持って再出発に踏み出してください。

●人生のパスポートはお辞儀と挨拶

あなたの再出発に際して、「挨拶」と「勇気」について考えてみたいと思います。

人生で幸せと思えることの一つが、よりよい人間関係の構築にあります。人間関係をよくするスタートは挨拶です。吉川英治は挨拶について次のように述べています。

「この人生は旅である。その旅は片道切符の旅である。往きはあるが、帰りはない。この旅でさまざまな人と道中道づれになる。それらの人と楽しくスムーズにやっていくには、〝人生のパスポート〟が必要だ。それはお辞儀《じぎ》と挨拶である」

このように、臆病にならずに自分のほうから積極的に頭を下げ、声をかけることが幸せへのスタートといえます。また一方、自分に何かをしてもらおうというよりも、相手に対して何かをさせていただくという姿勢が、良い人間関係をつくり出し

ます。この「させていただく」、換言すれば「与える」ことの最初が挨拶であることを知っていただきたいと思います。まず自分からすすんで挨拶をしていただきたいと思います。

また、私たちが踏ん切りをつけて何かをしようとするときには勇気が必要ですね。『論語』など中国の古典には、「勇」について述べていることがたくさんあります。孔子の弟子に子貢《しこう》がいますが、その言葉に、「不遜《ふそん》にして以て勇と為すものを悪《にく》む」とあります。つまり、「人を人とも思わない振る舞いをして、それがいかにも勇気あることだと考えているような者を、私は嫌う」という意味です。人間関係をよくしていくポイントの一つとして、本当の勇気には謙虚さがともなっていることでしょう。

老子は、「勇気には二つの種類がある。一つは敢《かん》、すなわちどんな困難があっても敢《あ》えてやるという積極の勇気。他の一つは、不敢、すなわちどんなことがあっても絶対にやらないという消極の勇気である」と説明しています。

「敢」の勇気はややもすると人を殺し、傷つけ、自分をも殺してしまうことがある、つまり遮二無二《しゃにむに》にやることはいろいろなものを壊すことになります。これに対して、

「不敢」の勇気は、人を生かし、また自分自身を生かす、言い換えれば「三方善《さんぽうぜん》」、すなわち自分と相手と第三者をよくすることにつながります。

勇気は大切ですが、これを発揮するには、相手や時、場所、場合などを考慮することが肝要ということです。

ポイント

挨拶と勇気をもって、よりよい人間関係を築きましょう

Question 20

親孝行について知りたい

親孝行って、いったいなんだろうと考えています。最近、親孝行は大切だから実行したほうがいいと言われます。これまで、親は大事にしたいと漠然と考えてきましたが、それ以上考えたことはありません。親孝行にはどんな意味があるのでしょうか。

（31歳・男性・会社員）

Answer

●よりよい生き方につながる

中国の古典『孝経《こうきょう》』の中には、「身体髪膚《はっぷ》これを父母に受く。敢《あ》えて毀傷《きしょう》せざるは、孝の始めなり」とあります。これは、「私たちの髪の毛一本、皮膚一片のすべてが親からいただいたものだから、傷つけたりしないことが、孝の始めです」ということです。

言い換えれば、私たちが今ここにこうして命を授かり存在しているのは、すべて親が生み育ててくれたお陰ですから、その恩を感じることの大切さを言っているのです。これは〝親孝行〟に関する、昔からの教えの基本で、時代がどのように変わろうとも、不変のものです。

次に〝親心〟についてです。これは、「子を持って知る親の恩」といわれるように、自分が親になって子を育ててみて、〝これは大変な苦労だ。自分も親に大きな苦労をかけたのだなあ〟と、初めて親のありがたさが分かり、恩に感じるということです。

この〝親心〟は、基本的には思いやりの心のことですから、実際に子どもを持たなくても、親になった気持ちになって、相手に接する態度を言います。

もう一つ、吉田松陰の句をご紹介します。

〝親思う心にまさる親心、今日の音づれ（訪れ）何と聞くらん〟

ご存じのように、松陰は優れた後進を育て、みずからは若くして刑死します。その際、親よりも先に逝《ゆ》くことを親が聞いて、どのような思いになるのかを、推《お》し量《はか》ってつくった句です。子どもが親を思う心よりも、親が子どもを思う心のほうが、はるかに深いことを詠《よ》んでいます。

このようないくつかの教えを、あなたはどのように受けとめられますか。

親孝行の基本は、まず親は生命の源であるという意味、そして子を思う気持ちの強さを知り、感じて、その恩に感謝する気持ちが、何にもましてあなた自身の心を育てることになります。

●人としての道

今日、私たちの普段の暮らしの中では「親孝行」の意味など、考える機会もないでしょう。親孝行には深い意味があり、あなたのよりよい生き方にもつながることを、ぜひ学んでいただきたいと思います。

一時、「親孝行不要論」などといわれ、親孝行することを考えるよりも、自分の生き方だけを考えなければならないという、たいへんな間違いをしていた時期がありますが、そうした枝葉の議論にとらわれることなく、それこそ太古から今日まで孝について説かれている普遍的なものをしっかりとつかんでいただきたいと思います。

『礼記《らいき》』の中には、曽子《そうし》の言葉として「孝に三あり。大孝は親を尊ぶ。其《そ》の次は辱《はずかし》めず。其の下は能《よ》く養う」があります。親孝行には三段階があって、一番大いなる親孝行は親を尊び、敬いの心を失わないこと、次は親に対して申し訳ないような行いはしないこと、三番目の親孝行は衣食肉体上で親をよく養うこと、と三種を挙げています。現在の日本社会の状況を考えてみると、三番目の親孝行すら危《あや》うくなっているのではないでしょうか。

元来、日本人には、親を尊敬し、何事によらず大事にするのが当たり前の美徳として備わっていました。親に心配をかけない、家の名に恥《は》じないという思いが、ともすると利己的な生き方になりやすい人間の心を制御するための見えない役目になっていました。それが人間と動物の大きな違いです。動物が親孝行をするとは聞いたことがありません。

振り返ってみますと、特に戦後の教育の誤りが、今日になって人間としてのあり方の根本を揺るがしてしまっていると思います。人間の心は教育によって良くもなり、悪くもなっていきます。早くこの誤りを正し、人間として生きていく道をあらためて確立していきたいものです。

ポイント

「親孝行」は、人が人として
よりよく生きるための
普遍的な価値です

穂苅 満雄（ほかり・みつお）
昭和7年、名古屋市に生まれる。昭和26年、高校卒業後、名古屋鉄道管理局勤務。36年より廣池学園瑞浪分園に入り、43年、中京大学卒業。麗澤瑞浪高等学校教諭、モラロジー研究所谷川講堂主事、同瑞浪社会教育センター長、モラロジー研究所講師部部長、同柏生涯学習センター長、同相談センター長等を歴任。モラロジー研究所参与・社会教育講師。

心づかいQ&A
感謝の心が人生を変える

平成15年6月1日　初版第1刷発行
平成18年11月1日　第3刷発行

著　者　穂苅 満雄
発　行　財団法人　モラロジー研究所
〒277-8654　千葉県柏市光ヶ丘2-1-1
TEL.04-7173-3155（出版部）
発　売　学校法人　廣池学園事業部
〒277-8686　千葉県柏市光ヶ丘2-1-1
TEL.04-7173-3158
印　刷　横山印刷株式会社

ISBN 4-89639-077-6